韓龍雲 編纂

佛敎敎育

佛敎漢文讀本

全

韓國學資料院

佛敎敎育 佛敎漢文讀本卷一　　萬海 韓龍雲 撰

第一課

佛　僧寺庵

第二課

天　日月星

第三課

地　山川海陸

第四課

人　男女老幼

第五課

祖米棗豈 布帛綿緣

第十一課

前後左右 上下內外

第十二課

白黑青黃 甘苦酸鹹

第十三課

晝夜朝夕 春夏秋冬

第十四課

風雲烟霞 雨露霜雪 雷電

第十五課

龜鯨鰲蠶鯉鮒 蟬蝶蚕蛛蠅蚊

第二十一課

釜鼎箕臼砧杵 斧鋸刀鎌鋤鍤

第二十二課 (以下字音讀)

經香塔碑 磬鐘冊旎

第二十三課

江山邑村城門房樓

第二十四課

窓壁 几卓床 金銀玉銅

第二十五課

洋服 帽子 寫真 時計

第三十一課

宗正 任職 攝理 僧統

第三十二課

上學 下學 試驗 休暇

第三十三課

恩師 法師 上佐 弟子

第三十四課

和尚 大師 比丘 沙彌

第三十五課

佛教 僧行 大寺 小庵

第四十一課

天高 地廣 白日 明月

第四十二課

後山 前川 南海 北陸

第四十三課

男娶 女嫁 老人 幼兒

第四十四課

父嚴 母慈 兄愛 弟敬

第四十五課

叔季 長侄 孝子 良孫

第四十六課

頭頂 面正 皮潔 筋强

第四十七課

耳聞 目見 口言 鼻嗅

第四十八課

舌嘗 齒皓 手舞 足蹈

第四十九課

怒憤 力闘 聲聞 色看

第五十課

佛供 祭祀 施食 禮懺 誦呪

第三十六課

宗務院 大本山 禪宗刹 萬日會

第三十七課

十王殿 神將壇 山神閣 天王門

第三十八課

阿彌陀佛 地藏菩薩 迦葉尊者 阿難尊者

第三十九課

釋迦牟尼佛 觀世音菩薩 大勢至菩薩

第四十課

（以下字音義依讀）

菩薩 祖師 羅漢 獨聖
第二十六課
鉛筆 石筆 刑床 石版
第二十七課
法堂 爐殿 浮屠 舍利
第二十八課
運動 體操 演說 討論
第二十九課
袈裟 長衫 鉢盂 木鐸
第三十課

方圓長短厚薄 大小輕重

第十六課

水火土石草木 花葉根實

第十七課

松竹槐柳桑梧 柿栗梨棗桃李

第十八課

鳥獸虫魚 羽毛鱗角尾蹄 雌雄

第十九課

牛馬豚犬猫鼠 鷄鴨烏鵲鷰鶯

第二十課

父母兄弟 叔侄子孫

第六課

頭面背腹 皮骨血筋

第七課

手足 耳目口鼻齒舌

第八課

心力 聲色言笑歌哭

第九課

衣食杖屨 紙硯筆墨

第十課

善言 清歌 歡笑 悲哭

第五十一課

布衣 麥食 伸紙 執筆 開硯 磨墨

第五十二課

製絲 織帛 叔祖 種豆 糴米 買綿

第五十三課

左圖 右書 家內 庭外 上廣 下狹

第五十四課

晝學 夜寐 朝讀 夕誦 夏暑 冬寒

第五十五課

風吹 雨下 白雪 黑雲 露結 霜降

第五十六課

方床 圓鏡 長繩 短札 毛輕 鐵重

第五十七課

水冷 火熱 草生 花發 根固 葉茂

第五十八課

青松 綠竹 槐陰 柳色 種菽 栽梧

第五十九課

紅柿 黃栗 橘梨 剝棗 桃酸 李甘

第六十課

鳥飛 魚游 獸走 虫唫 輕羽 細鱗

第六十一課

牛角 馬蹄 雌豚 雄犬 猫毛 鼠尾

第六十二課

鷄鳴 鵲噪 浮鴨 飛鳥 鷰語 鶯歌

第六十三課

神龜 巨鯨 春蝶 秋蟬 蚕繭 蛛網

第六十四課

鐵鼎 木臼 揮斧 引鋸 帶鋤 荷鍤

第六十五課

讀經 焚香 造塔 建碑 侍叢 打鍾

第六十六課

江村 山邑 城樓 房門 倚几 推窓

第六十七課

佛教興 僧行淨 此寺大 彼庵小

第六十八課

青山高 碧溪深 蒼松立 白雲起

第六十九課

學生來 農夫去 工匠少 商人多

第七十課

能智者 可教耶 最美矣 甚善也

第七十六課

釣於江 樵於山 耕於野 商於市

第七十七課

勤則富 懶則貧 以手攀 以足蹈

第七十八課

龜如鱉 氷似琉璃 雪不如鹽

第七十九課

講師說法 四方傳道 週日佈教

第八十課

遵守戒行 讀書不怠 敬兄愛弟

第八十一課

正衿端坐 挑燈看經 不知則問 知則教之

第八十二課

自近至遠 積小成大 幼而不學 老而無用

第八十三課

春風正和 秋月借明 東鄰兒啼 西村鷄唱

第八十四課

複以鉛筆 繪以畫帖 上午習字 下午作文

第八十五課

恩傳之師 曰恩老師 法師之師 曰老法師 師之兄弟 謂之師叔

第八十六課

石筆非石版則不能書 討論問題 書于黑版 學生皆入運動場 習體操

第八十七課

宗正 一宗之代表人也 住職 一寺之主人也 非善人 不可當此任

第八十八課

急走則易蹶 不如徐行 過食則生病 不妨少食 晝眠者 無益於工夫者也

第八十九課

師叔教修身於其侄 師兄以紙筆與之 日勤勉習字 日曜日 學生徃野外 遊戲

第九十課

禮佛時 先衣長衫 又着袈裟 恭敬禮拜 不敢戲喧

第九十一課

每日早起 先徃師傅寢所 問安否 然後 行他事

第九十二課

學生設親睦會 衆人皆飲酒相樂 一人獨飲茶不飲酒 曰酒者佛所戒禁 豈可飲乎

第九十三課

李姓兒 入學校數月 能通算術 兼善日語 人皆稱讚

第九十四課

甲童捕鵲雛 以繩繫足 鵲雛哀鳴不已 乙童力勸解送

第九十五課

經律者 佛之所說也 論者 菩薩與祖師之所作也 合而名之曰藏經

第九十六課

時時沐浴 頻濯內衣 每日運動 可以少病 勝於服藥

第九十七課

一老人曰吾有目 不能識字 與盲無異 時有拔目之心 小兒起敬曰
目有何罪 不學之故

第九十八課

日出於東 入於西 日出為晝 日入為夜 積三十日為一月 合十二月為一年

第九十九課

師謂上佐 汝勿妄語欺人 欺人則人亦欺我 相欺無信 必為下等人

第一百課

張童往教堂 路上拾紙貨十圜 覓主還給 巡查知之 廣告于新聞 以褒其廉直

第一百一課

普通學校生徒一人 上學必先至 復習必倍於他人 試驗時常為優等

第一百二課

某和尚幼時 善事其師傅 後得上佐三人 皆順良無惡 亦孝養其師
欲得孝佐 必先孝其師

第一百三課

一日雨來 兄曰今日雨降 不得往講肆 弟曰我身非紙 冒雨何懼
遂往上學

第一百四課

朴君無故欲爭 鄭生曰吾與君同學 誼若兄弟 爭之不可 朴君慚而
退 不復相爭

第一百五課

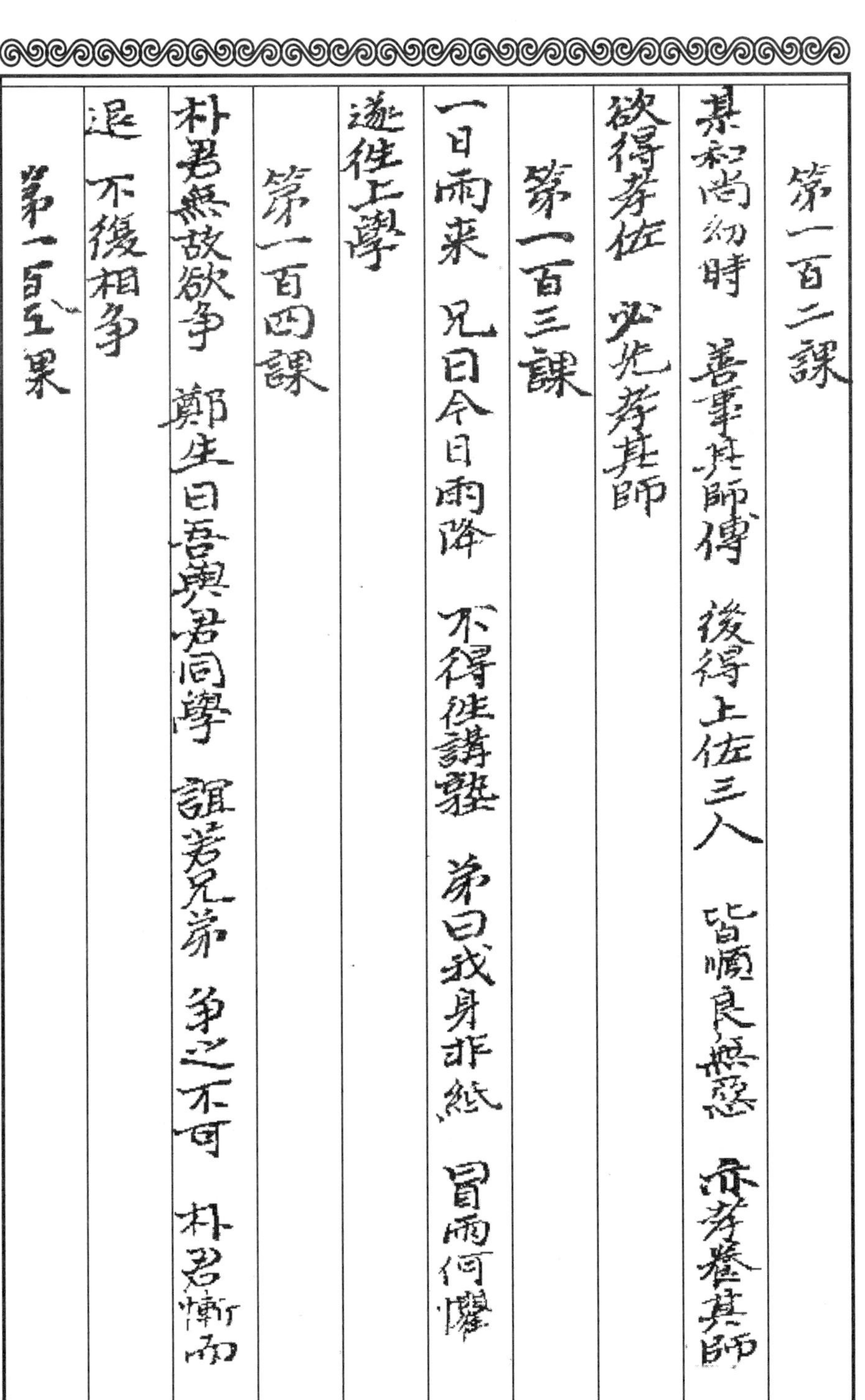

班長布告大衆 吾有一言 諸君靜聽 世界何物 最廣價乎 知者償
不知者敬禮于知者

第一百六課

小兒對曰 無學識之人 最價低 天下之物 皆有所有 互相賣買
無學者雖一錢 人不賞矣

第一百七課

見長者 拜而敬之 見幼兒 撫而愛之 對朋友 和而親之 不敬長
不愛幼 不和朋友 野蠻之道也

第一百八課

博愛而廣智 實踐而篤行 推己而愛物 是謂佛道 欲成佛道者 當

先學行

佛教

南陂黄文藁本卷一終

佛教漢文讀本卷二

第一課

佛教者、至善之大道也。故、善人敬之、惡人畏之。

第二課

善人、必得善果、惡者、必有惡報、此、天下之定理、不敢或避。

第三課

方長之草木、初生之昆虫、不可無故毀傷、無故毀傷、則非仁人之心。

第四課

鳥飛於空、獸走於地、魚游於水、人得而制之、以其智愚不同故也。

第五課

學問之道改惡作善變愚爲智人不學問近於禽獸

第六課

父送寫真於其子兒見而拜之甚喜曰尚有和氣家內之安寧推可知矣吾何憂焉。

第七課

距今二千九百三十八年前（明治四十四年計下倣此）釋迦牟尼佛生於印度國修道立教廣度衆生佛教之名自此始矣。

第八課

愛人者人亦愛之惡人者人亦惡之由是觀之愛人即自愛惡人即自惡不愛也者自貧其身而已

第九課

講師登壇演說曰、大禹氏、(支那夏時人)古之聖人也、惜寸陰而讀書、諸君效之。

第十課

金童聞演說、退謂其弟曰、聖人惜寸陰、則凡人當惜秒陰、吾與爾共勿浪遊。

第十一課

霖雨初晴、春月滿庭、學徒相與散步于月下、一人歌曰、彼明月兮、自弦至圓、我之所學兮、當如月兮、聞者奇之。

第十二課

學徒、年長於教師、稱教師爲先生、小兒聞之、走告其父曰、年長者、宜爲先生、年少者、反爲先生、何也。

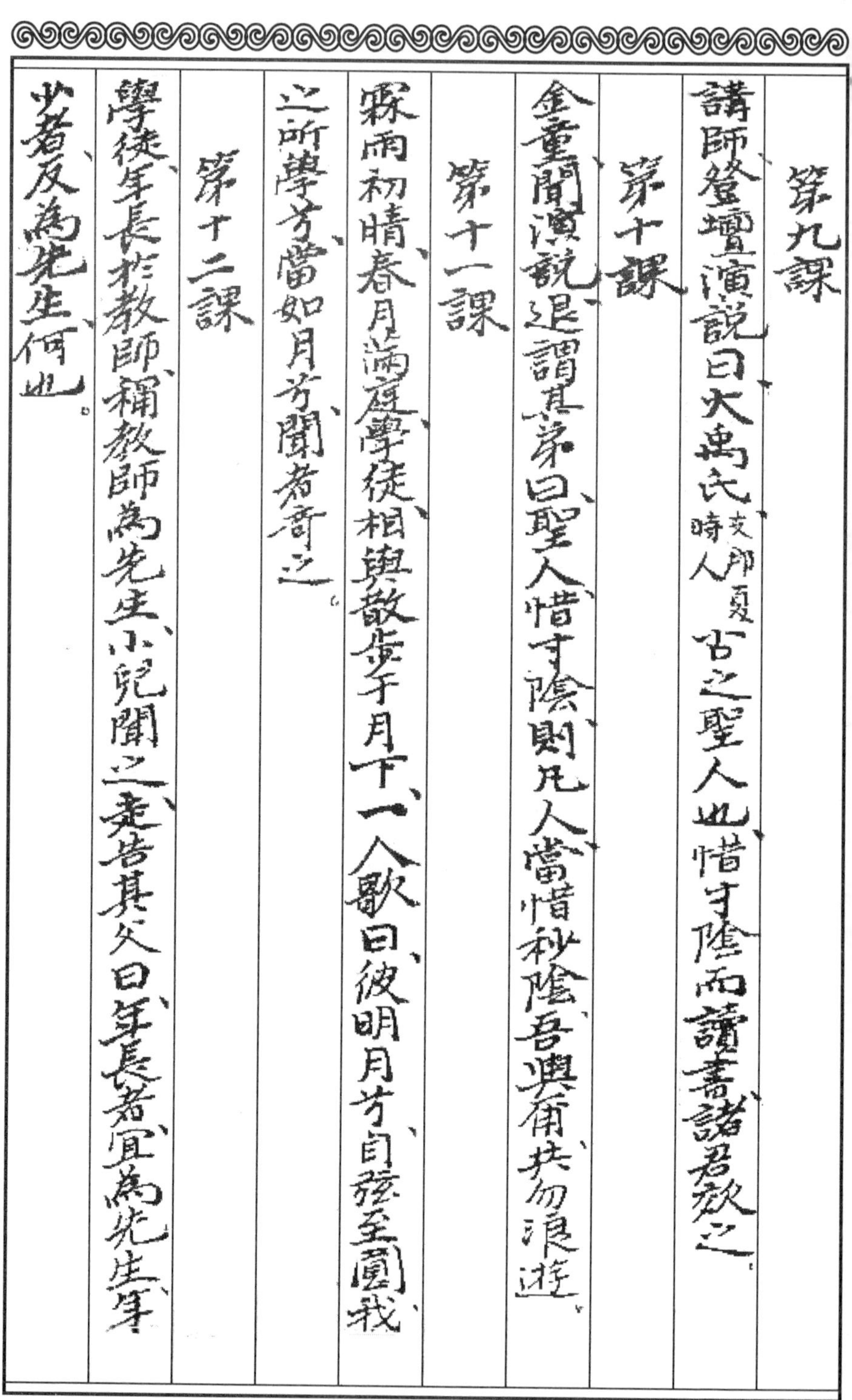

第十三課

父曰、先生之稱、在學不在年、西洋俗語、有百年童子千歲老人、此其意也、汝亦勤學課以為他人之先生。

第十四課

朝鮮、有三大寺、一曰、通度寺、即佛宗刹、二曰、海印寺、即法宗刹、三曰、松廣寺(在全羅順天)即僧宗刹、是謂三寶宗刹。

第十五課

古之比丘、嘗閉戶讀經、隣婦慕其才容、夜奔入室、比丘整容責之曰、天地昭明、鬼神森列、禮儀不當如是、婦慚而退

第十六課

言者、禍福之門、死生之機、人不可以不愼、發無益之言、招不期之禍者、愚人事、學者於此尤當深戒。

第十七課

崔童嘗壁書、甲大師曰物各有用、壁者爲禦風雨而設、空冊者書寫之具也、今汝不書空冊、而書於壁、何不以空冊禦風雨乎、崔童感其言、不復壁書

第十八課

衣服飮食、可潔而不可侈、潔則神氣清爽、侈則心志靡亂、潔者衛生之術、侈者喪德之本、故文明國人、貴潔不貴侈、捨侈取潔、文明之道也、

第十九課

飮食雖飽、不潔則生病、衣服雖侈、不淨則害體、餕飯殘羹、不可自食、況可饋人

垢衣汗布、不可自衣、况守衣人。

第二十課

朴生、家貧無學資、一沙彌欲以紙筆周給、告於恩師、師不肯許、沙彌曰、紙筆之費小失也、救人之事大得也、師喜而許之。

第二十一課

或問曰、朝鮮之寺數、與僧數、各幾何、答曰、寺數九百五十八、男僧五千一百几十八、尼五百六十三、(隆熙三年度 內部調査) 平均分排、則每寺六人有零。

第二十二課

往人家、主人不在、不得入其室、主人在房、必自廳外、欬歊發聲、使房中人、先知人來然後、除入可也。

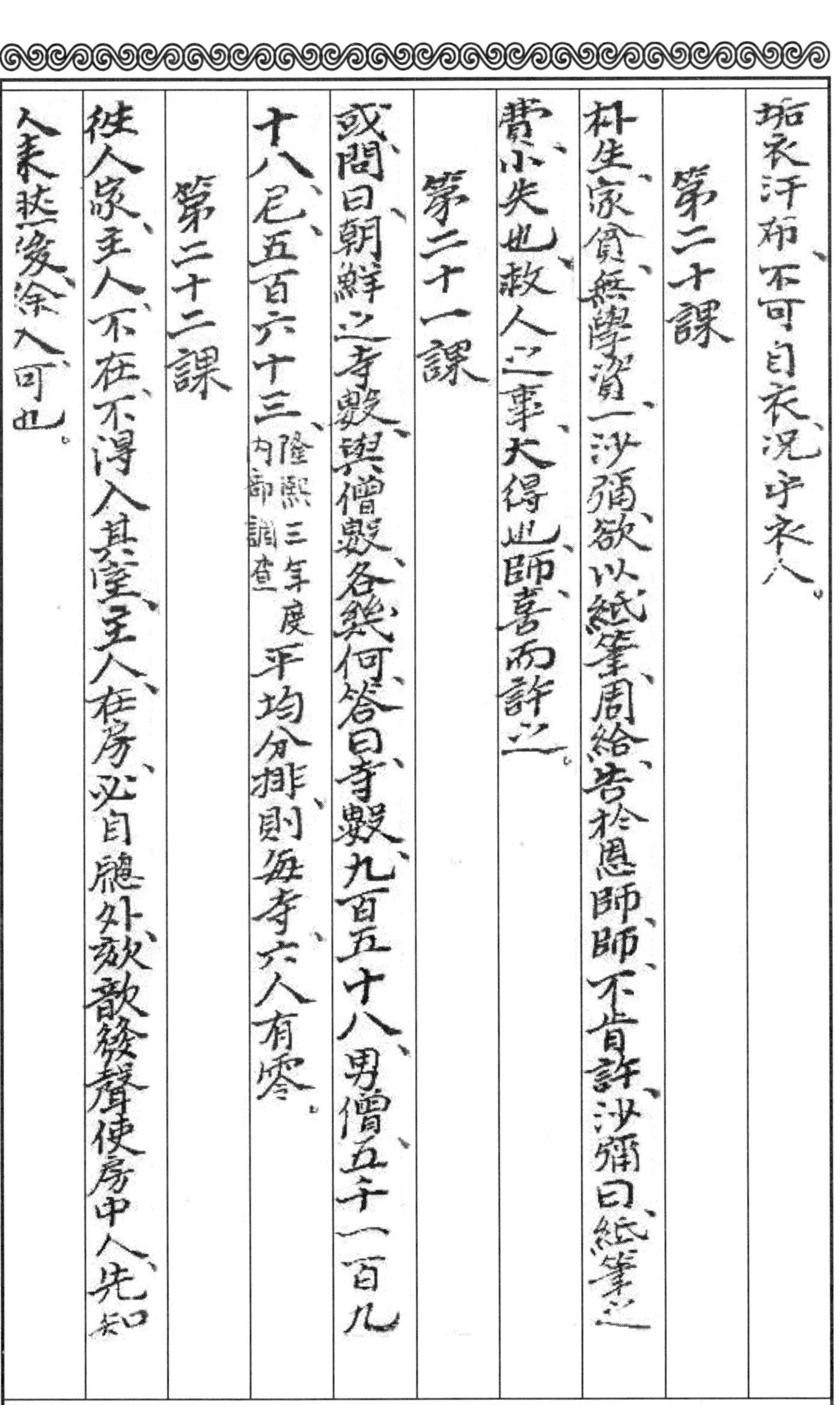

第二十三課

父母、師傅、命召、不可暫時遲滯、哺食在口、吐而即對、執務當手、捨而速從、有所使、立即(直)行之、毋敢以他事遲違其命。

第二十四課

學文者、學其志也、非學其字也、苟欲學字讀字、字典而足矣、何用良書、今讀書而不究其志者、與留聲器無異、白首窮經、竟何補哉。

第二十五課

學者以行為貴、學而不行、反不如不學、讀善人之事、我當念而行之、有惡人之事、我當懲而戒(戒)之、棄惡行善、進德之路也、故曰善惡皆吾師。

第二十六課

一富人、積金數歲、不用、沙彌問曰積金不用何意也、富人曰財實不可輕用、沙彌曰不可輕用胡不重用、既不輕用又不重用是猶無財也、財而不用其與土石奚異、富人遂散財學興

第二十七課

高句麗小獸林王二年、支那秦王苻堅、遣浮屠順道、奉佛像佛經而至、王以其經教其弟子、佛教之朝入鮮、實在此時、距今一千五百三十九年

第二十八課

男子立志、必高、嘗自奮矜曰、世尊何故爲佛、我何故爲衆生、佛及衆生本無定理、行佛道、人孰非佛、精進不怠、必達目的。

第二十九課

有志之士、膽欲大而心欲小、膽欲大者何、雖天下至難之事、能擔任無懼是也、心欲小者何、雖天下至易之事、必謹慎不輕是也、無懼而不輕、事無不濟。

第三十課

張公藝（支那唐時人）嘗九世同居一家、高宗幸行其家、問其理由、公藝書忍字百餘而進曰、忍者和睦之基礎、是以能同居無爭。

第三十一課

光陰迅速、駟馬莫追、白髮一生、萬事成否、青年不宜一日虛度、百年者一日之積、今日虛度、明日虛度、若是虛度不已、是虛度百年、奚暇能成佛道、故青年者一世之至寶。

第三十二課

我佛、以支那周昭王二十四年甲寅四月初八日從母右脇誕降、年十九、二月八日夜踰城出家入雪山尼連河邊、六年苦行又修正法六年臘月八夜見明星悟道時年三十。

第三十三課

世尊成道後四十九年說法度生凡說法三百餘會年至七十九以支那周穆王五十二年二月十五日入寂于拘尸羅城初說法時先說阿含經十二載次說方等經八年次說般若經二十一載終說法華經八年其餘諸經臨時間說

第三十四課

惡人與惡人為友善人與善人為友與惡為友日有損與善為友日有益朋友之交不可不擇勝己者師之不如己者教之賢者近之不肖者遠之朋友之道

得矣。

第三十五課

人有才德、當仰慕親近、不容一毫相妬、妬賢者、惡人也、妬賢則、我自為惡人而已、於賢者何傷、妬賢嫉能、古今之通病、雖中等已上之人、或有此病、若是者、不徒不愛他人、亦不愛其身者。

第三十六課

沙彌問於禪傳曰、天上有銀河水、其源發於何處、師曰、此非河水也、乃衆星之聚、衆星小、故不見、以望遠鏡照之、可知、人心本善、迷而作惡、如以衆星為河水也。

第三十七課

高句麗人我道(或云阿頭)往晉國學佛法於玄彰和尚而還、實小獸林王四年甲戌年、王創肖門寺、置秦僧順道、又造伊弗蘭寺、使我道住之、是爲朝鮮有寺之嚆矢、

第三十八課

春服既成、與冠者五六人、童子六七人、遊於金剛山萬瀑洞、水流花開、鳥啼雲歸、甚佳絕處也、一沙彌喟然歎曰、末世僧侶、貪此山水清淨之樂、頓忘布教度生之意、如萬瀑洞者、實佛教之地獄、人皆歎服其量、

第三十九課

法師名其弟子而命之曰、汝能知詩乎、幸爲我作詩、兒卽吟曰、纖塵合爲山、細流聚成海、一善日〻積、必作大聖人、法師大讚賞、以時表、

第四十課

甲童一日晚到稍遲上學時問其叔戒之曰汝不聞雞聲乎寒暑之夜風雨之夕未嘗少違其鳴今學校自有定規汝無故遲之獨不愧於雞乎甲童自此常先到無異。

第四十一課

鄭童嘗讀書於道傍樹下時有驅驛車而過者童不顧而讀御人見而奇之下車問曰汝見車形否曰不見聞車聲否曰不聞汝有耳目云何不見不聞答曰耳目之官雖設其所以見聞者在心不在耳目今余之心在書車非吾所敢知也。

第四十二課

支那、東漢明帝永平十年、西印度之攝摩竺法蘭兩師、應詔、齎經典而至、佛教之東漸、自此始焉、即新羅脫解王即位十年、距今一千八百四十四年

第四十三課

鶴鳥有五子、時值大旱、無以食之、母鶴無得食、不能自飽、以哺其子、由是飢而憔悴、鶴子曰、母以三子之故、以致損軀、豈非我等之罪、與其一母而救三子、不若三子而全一母、各盡反哺、母慈而子不孝、則人不如鳥。

第四十四課

新羅哀莊王時、有僧名曰正秀、冬日、衝雪行路、有一乞女、産兒、露臥濱死、師見而憫之、就抱良久、氣蘇、乃脫衣覆之、裸走本寺、苫草蔽身過夜、時王聞之、迎入大内、冊爲國師。

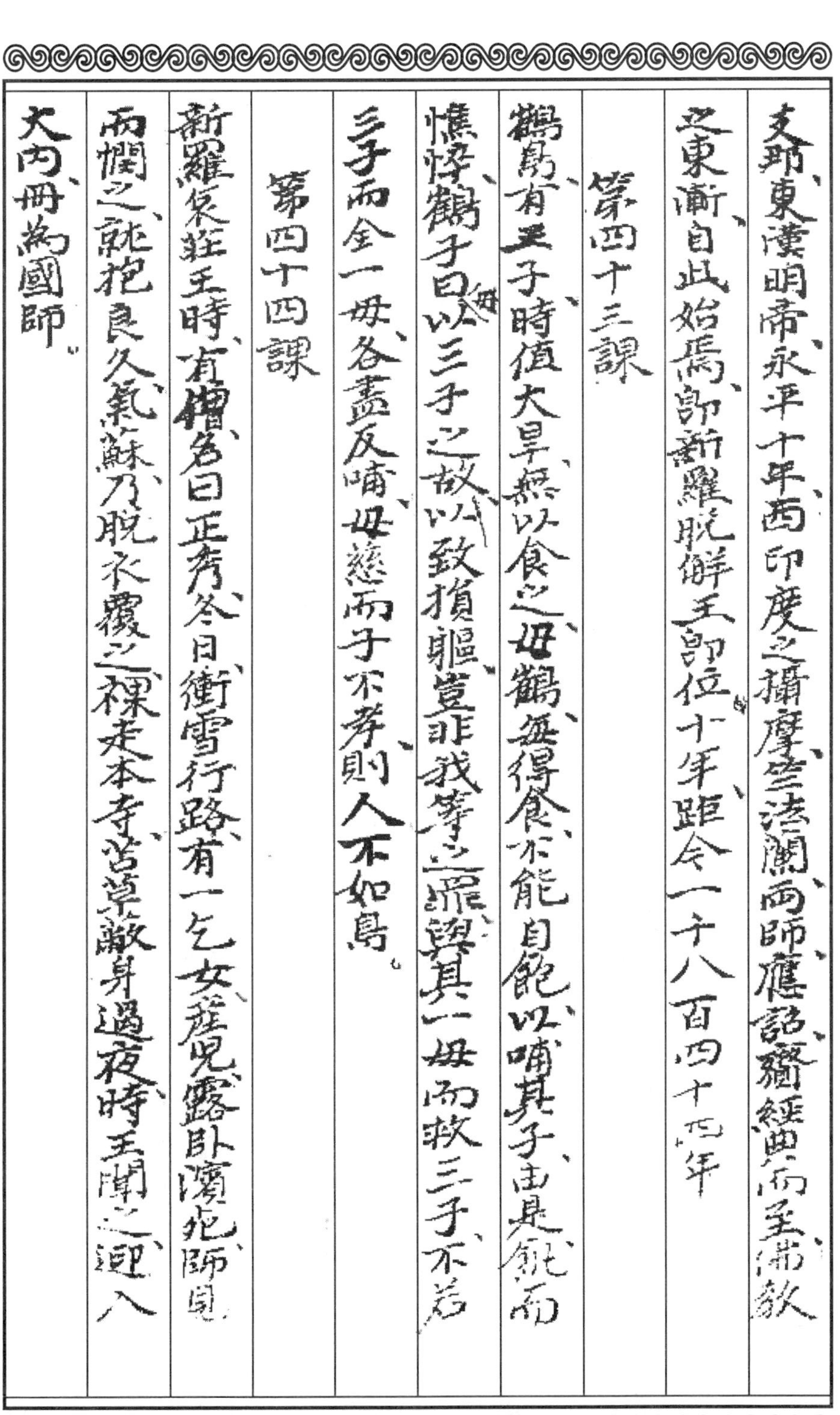

第四十五課

戒師謂戒足曰、搖扇則風生、汝知風生之理乎、對曰生於紙竹之間、師曰不然、風生於空氣、揮扇則空氣飄蕩、以為風、若無空氣、終日搖扇不得一點風、學文亦然、無心讀習、長時無益。

第四十六課

世尊姓瞿曇、小名悉達多、淨飯王之長子、母摩耶夫人、子羅睺羅、侍者阿難陁、即佛之從弟阿難尊者是也、初淨飯王之先祖、舍國修學於瞿曇婆羅門、受姓於師、故因為瞿曇氏。

第四十七課

甲大師嘗吸卷烟、安童曰、如甲大師者、不能成大事、師怒曰、樣於小戒、君何責

之甚耶、童曰小哉不能守大事安可成且吸菸有害腦精日本之制二十歲已下不得吸烟、君獨不知耶、

第四十八課

身體不可變短爲長、膂力不可變弱爲強、人道可以回愚轉惡雖下愚大惡之人強學而精進孜孜不怠何患乎不成君子也、有志人之學也、不耻下問有過必改期入於哲人之域。

第四十九課

昔一比丘年老昏塞、嘗見少比丘受四果法、心生羨慕、拜謂少比丘曰願受四果、少比丘笑而戲之、以皮毬打其頭曰此是四果、謹受勿失、老比丘至心相受頓證四果、此言雖似誕妄、實則有理、人至心相求、無不獲、

第五十課

姜君、與尹童、同行、過梨樹下、尹童欲取梨食之、姜君曰、有主之物、不宜擅取寔、曰、無知者何傷、姜君曰、夫吾行者、爲我而行、非爲人而行、事可行也、雖千萬人行矣、事不可行也、雖密室之中、止矣。

第五十一課

世尊滅度時、以迦葉尊者、爲傳法弟子、密授心印、阿難尊者、撰釋佛在世時所說法要、傳於後世、卽令吾輩之所讀經律是耳、憶上下數千載、東西數萬里、佛教之所以流傳者、其唯阿難之功歟。

第五十二課

俞童遊於山谷、對鏡中有兒、呼而不答、怒以拳欲打、則鏡中兒、亦以怒拳相向、童、大慟、擲鏡於地、放聲辱之、何處亦以辱相應、乃疑懼歸家、告於伯父、伯父曰是汝之影響、猶不甘受汝之拳辱、況他人乎。

第五十三課

冢生家至貧、食不充腹、衣不避身、猶讀書不輟、隣人曰、君貧無自資、胡不謀利、生曰、我欲免貧窮、故讀書、隣人曰、書能窮人、不能達人、生曰、自古貧賤者、甚也於不讀之人、天下之顯榮者、孰非讀書者哉、君言殆矣。

第五十四課

布敎師命沙彌寫布敎書、沙彌以其多難之、師曰、新羅僧勝詮、赴唐、學於賢首大師、時賢首撰探玄記與敎分記等二十九卷、未及刊行、勝詮皆手抄、還國、與義湘祖師、弘布一邦、汝今以數紙之書、爲多、不及勝詮遠矣。

第五十五課

萬物、雖有大小智愚之別、生命則均也、豈敢故殺、或兒童無端虐殘微虫、以爲戲具、是不仁之甚也、苟以微虫之弱小於人而殺之無顧、何其殘忍也、別有強大於人者、以人爲弱小於彼而殺之、人或無憾哉、貪生之心、人物無間、戒之愼之、無傷陰德。

第五十六課

蔡童有小過、先生行罰、童恥之、不欲上學、其師权從容言曰、新羅僧惠通、曾從唐國詣無畏三藏請業、藏曰、嵎夷之人、豈堪法器、遂不開授、通不敢輕去、服勤三年、藏感其誠而深授玄旨、終成賢師、童卽往勤學無怠、

第五十七課

對尊長人、勿以俗語褻語、對朋友勿驕傲戲謔、勿竊看他人私書、勿以舊書糊牕器物、勿竊聽秘密之約束、勿窺見人家、黑夜如廁、必携燈火、狹路相逢、宜先讓路、雖細行、不可不慎、忽於小行、失之大事。

第五十八課

每日所學課程、務以記誦為要、暫學旋忘、無異不學、若地誌歷史語學等尤當記憶、人雖至鈍、豈不日記二三言哉、積日至月、以月繼年、所得必多、若以無記性自處、初不用功、是不足於進就者、尺蠖屈伸、猶速於伏櫪之騏馬、

第五十九課

釋珠者、高麗文宗時人、早孤無托、剃髮為僧、乃刻木為父母形、以盡餟之、晨昏定省、奉養之禮、遂如平昔、有司奏之曰、釋珠能追遠思慕、無缺其養、古之孝子、

無以加焉、宜有褒典、令厚賞之。

第六十課

英國有慈善婦人、家有愛犬、悖童投石傷足、甚痛、老僕見其苦痛不堪、以謂此犬重傷必死、莫若速斃、以絕苦痛、欲絞殺、婦人見而生悲、以溫水浄洗傷處、塗藥綳帶數日後完差、見婦人、俯首搖尾、莫知所謝、老僕見之曰、此犬若能解語其致謝不止如此、夫至善之人、恩及禽獸、况於人乎

第六十一課

支那東晋道安十二歲出家、貌黑形拙、師輕視、使之耕田採樵、執勞數年、曾無怨色、乃啓師求經、授辯意長者經一卷、齎登山入田、乘其休息而覽之、悉皆闇誦、更求他經、復如初、師大驚異之、特加愛重

第六十二課

人類、不徒愛護親戚朋友、亦當注意於一般公衆利益、若入寺院公園等處、折取樹木花草、委木石於道路橋梁、以妨車馬通行、棄置芥污物於飲料水、俾生穢蓋、如是等事、皆貽害於公衆者、不啻有損公德、亦自滅其蔭福

第六十三課

公立學校與私立義塾、共設聯合大運動、公校生徒其童每事輒勝、私塾學徒沈生、心懷嫉妬、無故詬辱其童、佯作無聞、行動如常、傍人忿怒、欲爭、沈生其童、止之曰、彼人平日不習技藝、故運動自無得勝之能力、見勝己者、反生妬忌辰、之實可哀之人、善喻可爭之不可

第六十四課

美國華盛頓之友人、自幼以研究學問道德為任、書付節制勤儉正直等德十二條於壁、每日行事、有違警箴者、輒以黑點表之、初每一日、或點二三個、漸次修養、以至無點、且性急、每多暴怒、欲止此、設盟、常對人有憤激事、必先數十個、然後徐徐發言、終成寬習。

第六十五課

師與上佐同舟渡海、不幸中流、遇風船壞、沙彌幸得尾板保命、師則不得寸木、將沒水中、師曰、重敬師長、佛之戒也、汝當以板與我、沙彌內自心語曰、夫非常之事者、行於非常之時、余今幸得其時矣、當捨命救師、以報養育之恩、死於仁義、死得其所、雖死為榮、何感之有、以板奉師、自沒水中、海神感其義、而救之、兩得其全。

第六十六課

新羅慈藏律師、嘗捨元寧寺、別作小室、練心修行、周障荊棘、裸坐其中、使動輒鍼刺、莫敢倦弊、又頭懸在樑、以袪昏瞑、時王以仕、屢徵不赴、王曰不就斬之、藏曰吾寧一日持戒而死、不願百年破戒而生、終不赴、以全其節、嗚乎古之賢人達士之立志自苦、果若是也。

佛教漢文讀本卷三

第一課

布施也、持戒也、忍辱也、精進也、禪定也、智慧也、此六者謂之六度、六度者修道之要門、進德之坦路、學佛者若有闕一於此六者、不可為完全教人、況兼此設者而不行乎、若不修淨業則已、苟欲修之捨六度末由也。

第二課

飢者食之、寒者衣之、病者救之、厄者恤之、其餘救人利物之事皆可謂之布施、愛物者布施之未形也、布施者愛物之已形也、有愛物之心而不好布施者未之有也、但順理量力而行之則布施之中道也。

第三課

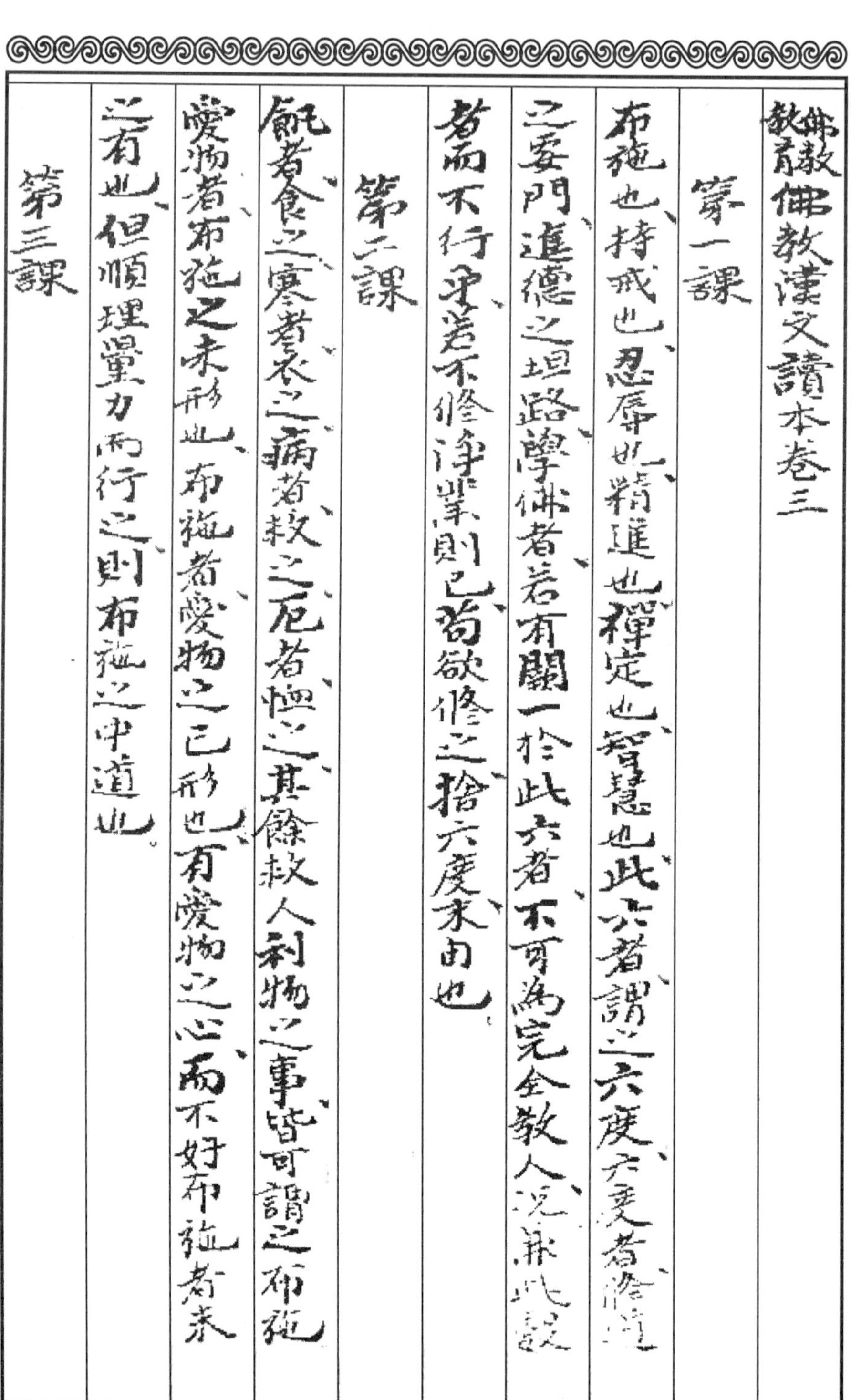

五戒者何、一曰不殺生、二曰不偷盜、三曰不邪淫、四曰不妄語、五曰不飲酒。此五者戒之大者、縱殺則不仁、偷盜則不義、亂淫則無禮、妄語則不信、酵酒則不智、天下之人、果有犯此五戒、而能成賢人者、武念茲在茲、謹持勿犯可也。

第四課

辱有大小、小辱者、一己之私辱、大辱者、義理之公辱也、辱云者、忍小辱而已哉、辱之謂也、今有人焉、欲殘佛教之全體、有碍進道修生之事、則爲佛徒者、雖被身焚骨敲之不已、若是可謂善忍辱者矣、何也、夫忍其難於殺身、能忍殺身辱而救教忍就大焉。

第五課

唐玄奘法師、始入天竺、翻佛經而歸、當是時、曾無鐵路輪船之利、則艱險不

之苦、果何如也、其行也、與瘴氣戰、與飢渴戰、與毒蛇猛獸戰、與惡魔妖鬼戰、進寸退尺、萬死一生、猶能奮然前進、卒成曠世之蹟、若是者謂之精進、修道精進

若能忍人之不能忍、能行人之不能行、道在咫尺。

第六課

陰陽萬變本乎極紛、何萬數始於點、大小萬法、應於心、心一則萬善畢集、[illegible]明則萬惡驟至、聖人懼夫心之不明、而思所以明心之道、即參禪之所由起也、參禪者萬理之源泉、一身之指南、豈不美哉、若夫終日端坐、斷送雲水生涯於昏沉掉舉之間、非參禪之本意也。

第七課

聲不過五（宮商角徵羽）、五聲之變不可勝聽也、色不過五（青黃赤黑白）、五色之變不可勝

觀也、味不過五、辛酸甘苦鹹 五味之變不可勝嘗也、理不過一、一理之變不可勝[illegible]也、能使之變者誰乎、人之智慧是也、夫以人之智慧使之變者若是其[illegible]也、物有所變之理、人有能變之智、以能變之智變所變之理何變而不變者[illegible]慧者萬變之主也、

第八課

牧童採薪夜歸見兩頭一脚之黑鬼當路童以手中木棒猛打不顧而走歸家急喘兩息對群兒語之故自誇勝氣之出群翌日群兒同伴往觀一腐壞之舊査破為兩端、童知其非鬼有慚色、一學生適過諭牧童曰天下豈有妖鬼人心迷惑假定為鬼耳、心迷弱者當境無非妖鬼、心正大者千魔終成坦道、人之所以謂妖鬼者、是如汝之以古査為鬼也、

第九課

一比丘拾金銀一包於路上、歸家與沙彌共議曰、世人以財傷命者衆矣、今此物亦少、恐與人命有關、復往本處待之、果有一婦失聲悲泣、尋行亂野、比丘問之、婦曰、家君有罪坐獄當死、故易田得金擬贖夫獄、不幸失之於此、無物可贖、夫必死矣、夫死則我亦從死、二人之命不亦哀乎、比丘遂以金銀還付、以全人之命。

第十課

昔印度雪山有一鸚鵡、其父母俱盲、嘗取穀拾田而養之、田主怒其摘穀、設羅而捕之、曰取穀何為、吾當殺汝以全吾穀、鸚鵡泣而告曰、吾有父母、盲不能飛、故取食而奉之耳、今子欲殺予、予非敢畏死也、雖然我死則盲親亦死、子以謂

穀之故殺我則默矣鞠殺其子而父其母從而餓死是亦可忍乎田主咨嗟曰噫
鴉之孝養其親若是也願以一田相贈幸善養無忽

第十一課

沙彌問於息傳曰現今自由主義盛行於地球敢問自由之義師默然良久曰自由之公例曰自由者以不侵人之自由爲界限質而言之不被侵於人而亦不侵人之謂也今舊力務危妄行強暴而呼於衆曰是我之自由豈其然哉彼以腕力縱恣行悖是得罪於法律數月之禁獄數年之懲役未可知也伸一時之自由屈數月若數年之自由其得失何如自由者公理也非私慾也

第十二課

新羅僧永才性疎曠不累於物能勤修自持以過一世暮歲將隱南岳路遇賊

六十餘人將欲加害、才臨刃無懼、怡然當之、賊怪問其名、乃示才也、素聞其名、
故感其德行、贈之以綾二端、才笑而辭謝曰、知貪財忘義之為地獄根本、將避
於深山以餞一生、何敢受焉、乃投之地、賊感其言、皆釋刃投戈、遂發為僧、同隱
智異不復蹈世、廉直之王能回賊為良、

第十三課

塞翁失馬、人弔之、翁曰、安知不為福乎、後馬引一駿馬而同歸、人賀之、翁曰、安
知不為禍乎、後翁之子落馬折臂、人弔之、翁曰、安知不為福乎、後有胡亂、強壯
者皆應兵戰死、唯翁之子以廢疾得全、由是觀之、福者禍之轉、禍者福之發、人
不可以有禍而憂悲、又不可以有福而滿心、但以誠接物、順理應事、為禍為福
於我如浮雲、

第十四課

新羅國仙旵公、常縱獵無厭、釋惠宿從之、及休、嘗割其股而薦之曰今有美鮮敢進、公愕然曰何至此耶、宿曰始吾謂公仁人也能恕己通物也故從之今察公所好、惟殺戮之耽、害彼自養而已、豈仁人君子之所爲、遂拂衣而行、公大慚

止

第十五課

某和尙嘗無爲不學、但祈禱于山川聖境、以求偶然之福、每向人大談曰我今雖貧且愚、求幾神助、必至不勞而得財、不學而自知、學童聞而嗤之曰天神明者助其自助者、不助其求助於人者、君若獨立自勉、不待祈禱而神必冥助、徒事祈禱、聽福於冥冥之外、非財終非君之所有、學終非君之所知。

第十六課

荷蘭國富人食無節制、逸而不動、身體肥胖、心氣混惰、不堪疲苦、乃致書迎良醫於千里之外、醫師素聞其人之過食不動、答謝書曰、腹中有惡虫、致病、若來見焉、症當愈、須徒步親臨、則期有治療之方、富人果徒行、初覺困難、日行漸久、肥減、神爽、及至醫家、病既快祛、醫師笑曰、貴下腹虫、皆因徒行中節食運動而死、富人始知滿食不動之為病、自勉、享壽。

第十七課

新羅人貴山與箒項、為友、二人相謂曰、我等期與士君子遊、不先正心持身、恐不免於招辱、盍聞道於賢者、時、圓光法師、以盛名、造門進曰、俗士顓蒙、無所知識、願賜一言、以為終身誡、光曰、若等為人臣子、恐不能堪出世大戒、今有五戒、一曰事親以孝、二曰事君以忠、三曰交友有信、四曰戰陣不退、五曰殺生有擇、若等行之毋忽。

第十八課

父母病、子侍湯、連宵失寐、疲勞成疾、友人勸以調養、待差侍病、對曰、人生三年、免於父母之懷、向使父母三年之內、一日不顧、我死已久矣、然則其三年之間無一日非余之死期、以父母之故、免日日之死而至於此耳、雖百死不足以報父母之恩、毀宵之勞、不寐之恙、曷足以苦我哉。

第十九課

昔、草繫比丘、行野外、遇群賊、賊欲殺之、一賊曰、余聞佛戒雖草無傷、若縶縛於草、必不敢毀斷而自死、不猶愈於手刃之勞乎、乃縶之草而去、翌日時王出獵、

見之、問曰、胡不振起、師曰、振起則草必發、伊絕天草之命、既云可哀、且不敢以一草之微、而壞損佛戒、故自苦、乃甫王使人解之、特加厚賞。

第二十課

距今一千三百六十年前、百濟聖王遣使梁國、請涅槃經義、又送釋迦金像、經論、幡蓋等於日本、曰、諸法雖多、佛法最勝、周公孔子之所未知、日本佛教之輸入、正在此時、其後威德王屢送經像與禪師於日本、交通頻繁、至於法王、下教禁殺生、獎勵佛教、是時佛教之盛、十倍於儒及道教。

第二十一課

高句麗僧我道、始傳佛教于新羅、厥後、真興王擊高句麗、得法師惠亮而歸、爲僧統、始設百座講會與八關會（五戒加不坐高大床不着香華不自樂觀聽）遣僧覺德於梁、求佛舍剃、自此以往、求法於陳隋者不絶、王暮年剃髮入僧、自稱曰法雲、王后為尼住永興寺、由是崇教日甚、新羅統一後、元曉義湘等諸賢輩出、教法蒸蒸日新。

第二十二課

昔支那鵝珠比丘、行乞至玉工家、時玉工無意遺珠、轉至師前、映於衣、衣有紅色光、庭鵝誤認肉塊吞之、工覓珠不得、疑師取之、怒喝索還、師曰破衲綴缽、飢寒不足以相苦、固匿珠者、試至日暮、見困終不告實、時鵝在傍、亂啄工、工移怒於鵝而撲之、鵝吐珠而死、工始知師之無匿也、謝而且告曰、何不早言、自苦如此、師曰、言之則子必殺鵝、不忍鵝死而不言也、今鵝且死、不勝餘感。

第二十三課

英大師、有師弟年甫十歲、同居一室、其恩師有所命役、英常先弟而行、自兼勞

若有問其由者、輒曰我弟年幼不堪勞役若見幼弟之服役不勝感心生憐憫而寸自苦夫勞莫勞於苦心、形役之勞次之、余以形役代心苦而已、非獨為幼弟而然、人皆歎服其愛弟之心而又敬其不伐功也。

第二十四課

一人、有病、迎巫禱之、巫插一枝竹於瓶中、曰此不必手而自動、仍誦咒文、竹枝果自動、人皆奇之、以為神感、沙彌尋思少焉、曰此不足以為奇、余亦能之、出外良久携瓶與竹而入、置竹於瓶、亦亂動不已、衆人喝采稱奇、莫知所由焉、沙彌曰請為諸君解惑、乃投瓶於地、瓶破水決、衆魚散出、指魚示人曰、諸君所以為神者此也、魚游瓶底、故竹枝乃動、妖巫之惑人者、皆有所以然之理、人無學識故自惑耳。

第二十五課

東庵之住職、謂西寺之攝理曰、貴寺何不設立學校、攝理曰、非不有志也、今非其時矣、將待時而設、住職曰、可設與不可設、豈有其時、辦事者無不可辦之時、不辦事者無非不可辦之時、有志之士、聞造時勢而已、未聞待時勢也、時勢無定、唯人是聽、君其圖之。

第二十六課

近世僧侶、多以求施乞食、為能事、甚者以為生財謀生、元非佛徒之本分、不動一指、全事優遊、是不良之甚者也、若夫待養於人、則是余之生命、不在我而在人也、一飽一暖、望之於人、而猶恐不贍、奚暇復治他事、余聞佛之大慈、能布施於人、而未聞求施於人、又聞佛之大悲、能自苦而利物、未聞勞他而自逸、求施

而優遊者何學也

第二十七課

專門義塾與普通學校、共設競走會、各選上中下三等、賭走義塾、先以上等生出班、挑走學校、乃使下等生擺列應敵、下等生豈敢當上等生、走而竟敗、自義塾拍掌鳴采、觀光人亦莫辨其學校之意思、其後義塾之所餘者、中下等也、學校之所餘者、上中等也、以上敵中、以中敵下、不甚兩勝乎、一敗而兩勝、然後知其爲計也。

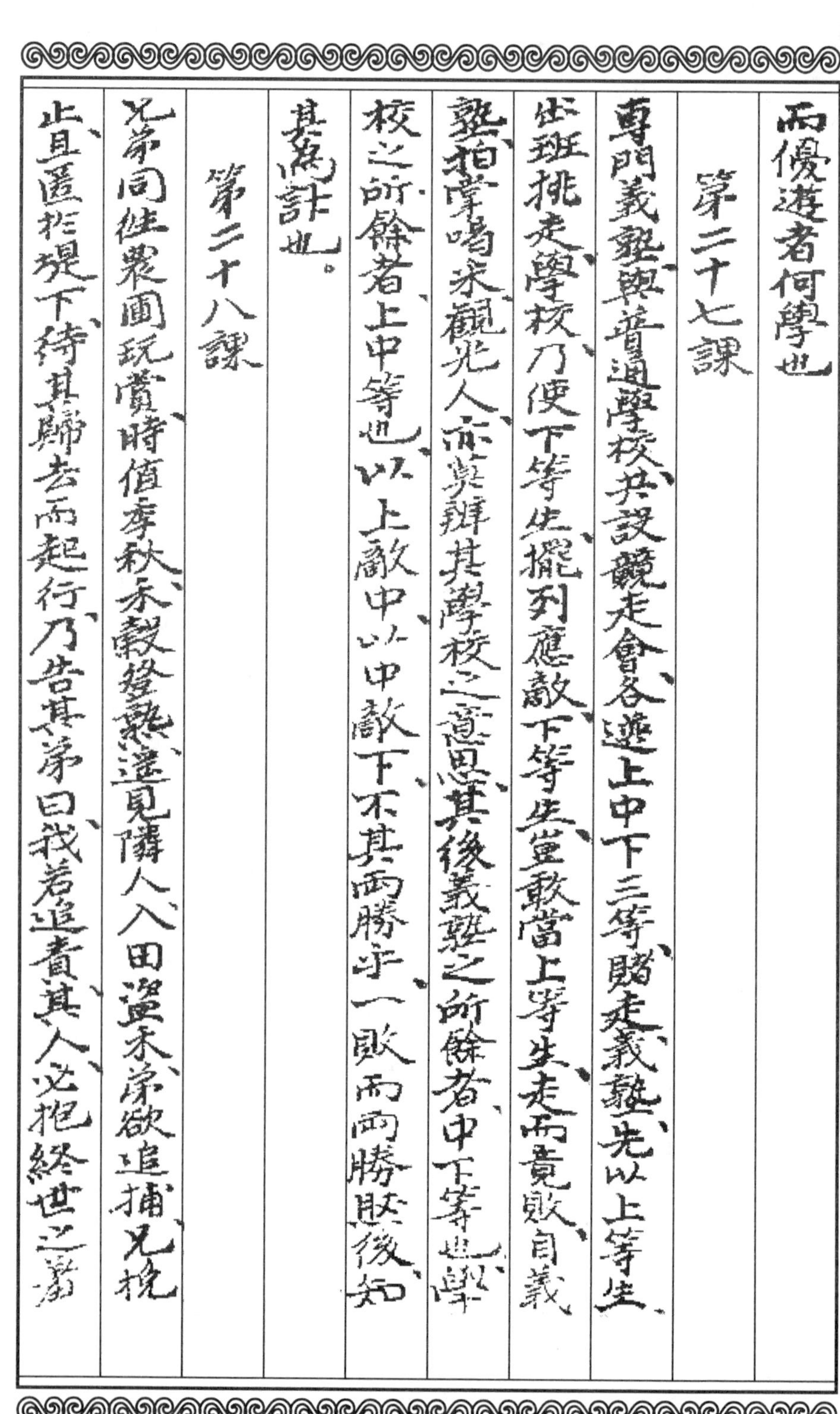

第二十八課

兄弟同住農圃、玩賞時値季秋、禾穀登熟、適見隣人入田盜禾、弟欲追捕、兄挽止、且匿於堤下、待其歸去而起行、乃告其弟曰、我若追責其人、必抱終世之羞與我跡絶、余不肯以斗穀之利、踈同里之情而絶百年之交、今故作不知、歡如平昔、是以數斗之穀、買百年故人、不亦利哉。

第二十九課

釋言佛教之傳佈、西歷紀元前一千二十八年、始於迦毘羅(印度)、佛滅度後二百餘年頃、布于錫蘭(印度)、紀元後六十八年、漸于支那後漢、紀元後三百七十三年、自支那晉國入于朝鮮高句麗、紀元後五百五十二年、自百濟渡於日本、距今一千四百六十二年前、流于緬甸、距今一千二百七十四年前、傳于暹羅、至於二十世紀、四海交通、萬國比隣、佛教之輸入、幾乎無國無之、稍有雲布世界之勢焉。

第三十課

或謂某和尚曰、現今宗教競爭劇烈、互相布教、務先恐後、何不從事於傳道、深處窮山、獨潔其身也、師曰、全部僧侶甚多、如我一人、進不為多、退不為少、出處實無損益、或曰全部僧侶、皆如君言、是終無一人布教也、且人各有義務、不可推人、譬之、欲不食而使善飯者為我代食、欲不寢而使善睡者為我代寢、得乎、既為佛子、不可暴棄、以傷教徒之資格。

第三十一課

印度宗教有四種、一曰吠陀教、始於國初、唱多神主義、寔有一神教之性質者、二曰婆羅門教、伊時婆羅門之族制、占領最貴之地位、因其勢力團躰[illegible]教者唱萬物皆神主義與靈魂流轉之說、以為死後之生於天人、入於禽獸者、悉由生前之善惡、三曰佛教、始於世尊、大唱修心度生之真理、發明平等無差、公例、四曰印度教。佛教始興、婆羅門教大挫、其徒最多狡猾、取佛教之長而補其短、適合時機、反挫佛教、幾至於亡、雖然、佛教蔓布外國、故永存、婆羅門教、不能復舊、頓改面目、新立一派、史官稱此為印度教、其主旨介於佛教、與[illegible]教之間。

第三十二課

賢大師事老師至孝、一富人慕其才容、欲以其美女妻之、分田千頃而居、生堅賢遜俗、賢曰、余早失怙恃、無以自活、祝髮依師、十餘年于茲矣、七尺之軀、一縷之命、何一非吾師之手澤、今老師不能自健、待養於余、實我報恩之秋、以美女良田之故、一朝捨去、天地神明、可許我而福于尊教、雖重敢謝。

第三十三課

太宰嚭問於孔子曰夫子聖人歟對曰丘博識強記非聖人也三王(夏禹商湯周文)聖人歟曰三王善用智勇聖非丘所知五帝(少昊顓頊帝嚳帝堯帝舜)聖人歟五帝善用仁信聖非丘所知三皇(伏羲神農黃帝)聖人歟三皇善用時聖非丘所知太嚭大駭曰然則孰為聖人夫子動容有間曰丘聞西方有大聖人不治而不亂不言而自信不化而自行蕩蕩乎人無能名焉西方之大聖人卽世尊也

第三十四課

高麗太祖王建以為賴佛力而有國盛述佛事於訓要以垂後世歷代諸王皆受菩薩戒必以僧為王師王子出家以為恒例實朝鮮佛教全盛時代成宗嘗韓彥恭求藏經刊本於宋及契丹校合完造以為美本遣沙門三十餘人於宋受學於杭州永明寺智覺禪師領宗鏡錄而歸創禪宗是為朝鮮禪宗之濫觴

第三十五課

高麗文宗子煦爲僧、號義天、後隨宋商林寧渡而去、遊於吳中、還國以佛經千卷、獻於父王、又於興王寺、奏置教藏都監、購經典於遼東、多至四千卷、悉爲刊行、始創天台宗、位置于國清寺、當時有禪教兩宗之別、教宗即天台宗、禪宗有曹溪、曹溪之分、後皆不振、自恭愍王時、太古普愚一名普虛禪師如元、受鉢於江南石室和尚、歸創臨濟宗、現今僧侶皆太古之後裔、無一非臨濟宗也。

第三十六課

朝鮮

或問禪宗派系之分、對曰、自釋迦拈花、至于第二十八祖、迦葉迄達摩、達摩承心二十七祖之命、東渡支那、當梁武帝普通七年、距今一千三百八十六年、後居嵩山少林寺、面壁十年、始得傳法、遂入滅、是爲禪宗初祖、其後二祖慧可、三祖

僧璨四祖道信則皆心傳默受不假言教至於五祖弘忍始開山受徒千五百人玉泉神秀爲首座竟不傳法六祖大鑑慧能卒受鉢焉自此有南北二派南慧能北神秀是也

第三十七課

六祖以後傳鉢不止衍爲五宗宋明以後極光大焉初六祖正傳于南嶽懷讓旁係于青源行思曹洞雲門法眼三宗皆青原派也臨濟潙仰兩宗南嶽之後也南嶽傳之馬祖道一馬祖傳之百丈懷海百丈傳之黃蘗希運黃蘗傳之臨濟義玄至是爲臨濟宗獨得六祖之正脉潙仰宗亦百丈之別派也

第三十八課

慈雲禪師書紳自警曰學者之法偏宜遠之損惡之道益其用之口無自伐心

無自欺、勿抱內蠹、勿揚外儀、欲人之譽、蓄己之私、殺義之始、陷禍之基、自恃其才、德必有餘譏、自矜其達、必有餘非、大智律師示學衆曰、父母生身、義當侍養、師長受度、理合供承、而乃遠別鄉閭、躬棲講肆、是宜親仁擇善、建志立身、討論不棄於寸陰、持守無怠於跬步、若見善不遷、作惡無恥、或遭責罰、或被擯治、豈不負累宗親、恥辱師傅。

第三十九課

人與人相處、其交涉必多、交涉之際、各從自己之私慾、則相殘之事、足以一日萬變、故禮讓而節文之、規則而制限之、然後人始無爭、而秩序公衆、若有人焉、壞損禮讓、違背規則、一身之自敗、既是可惜、而貽害公衆亦云多矣、以一人貽害公衆、公衆豈可甘受其害、不思所以自救之道哉、此法律之所由起也、不欲犯

律者、必自守禮遵制始。

第四十課

若有不成之事、當自反而責求、不宜怨天尤人、責人者自怨、責己者怨人、責人則人亦責之、怨己則人亦怨之、且成敗浮在禍福無種、惟我所招、是至今之成福之來也、必曰我自為之、其敗其禍也、不肯自居其責、而歸罪於外物、噫成敗水禍福同也、流東流西、其在決之如何、苟決西方而水流於西、則曰非我也、他人之不能使水就東、是轉我為人也、我在何處、以我失我、不亦悲乎、故君子反求諸己。

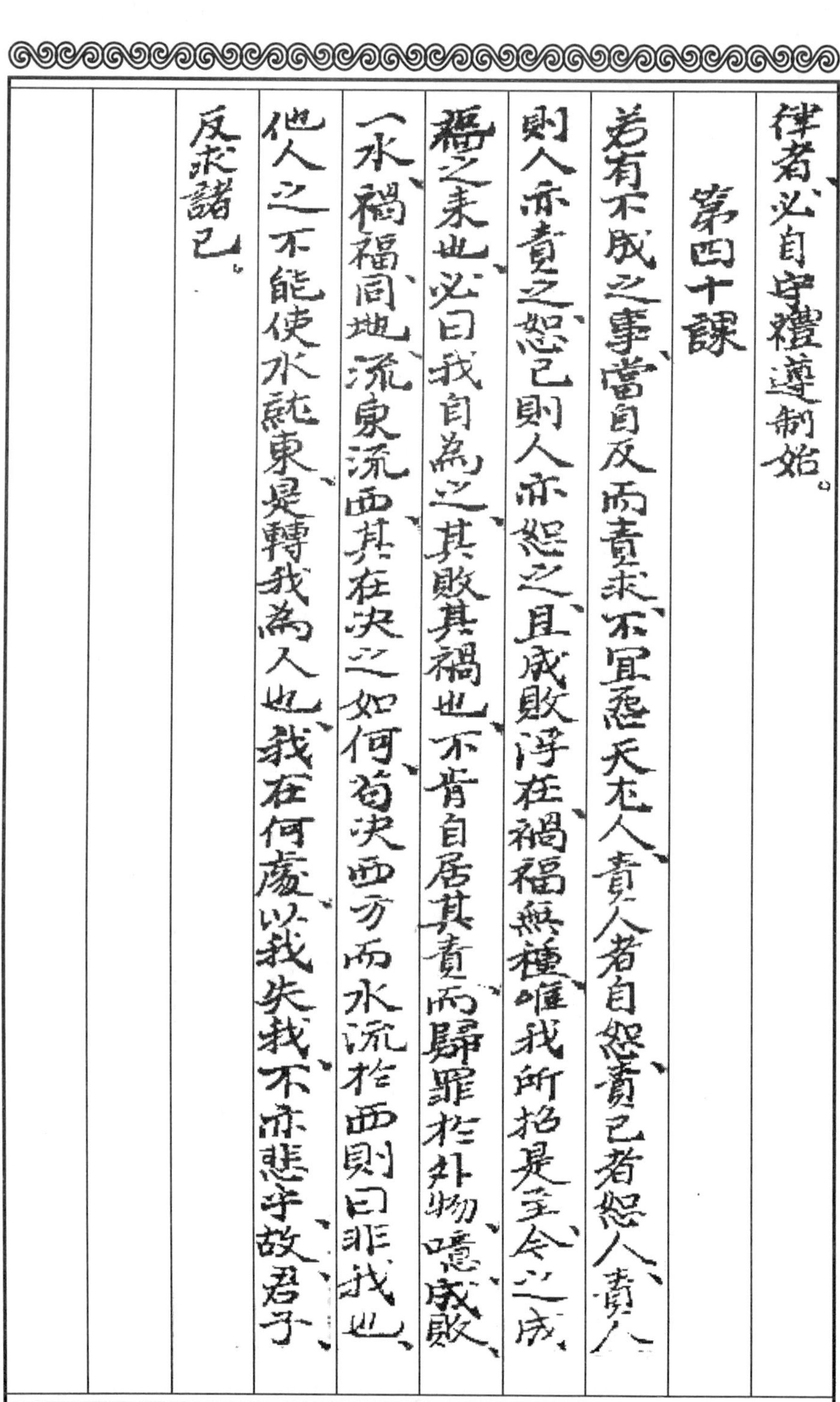

佛教教育 佛教漢文讀本卷三 終

第一課

宗鏡錄曰、心能作佛、心作衆生、心作天堂、心作地獄、心異則千差競起、心平則法界坦然、心凡則三毒(貪嗔癡)縈纏、心聖則六通(天眼 天耳 他心 宿命 神力 漏盡)自在、心空則一道清淨、心有則萬境縱橫、善因終值善緣、惡行難逃惡境、蹈雲霞而飲甘露、非他所授、臥烟焰而啖濃血、皆自能爲、非天之所生、非地之所出、只在最初一念。

第二課

二十年億者、佛之弟子也、修行欲速、精進太急、故生病、佛曰、胡不稍緩、自此漸解、以致懶怠、故又不成、乃白佛言、弟子始知佛道之可求也、今不成於速、又不成於緩、是終無所成也、請退、佛曰、汝知彈琴乎、對曰、能也、撞絃太急、音不成曲琴可聽耶、對曰不也、撞絃太緩、音不成曲、琴可聽耶、對曰不也、不急不緩、音而成曲、琴可聽耶、對曰聽也、曰然則法界一琴、萬事同絃、胡不以佛道為琴而獨以琴為琴也。

第三課

一人採珠於海、數月僅得一珠、還家、有二兒、見珠大喜、若戲相問曰、此珠產於何處、一兒曰生於囊中、一兒曰生於掌中、父聞而笑之、婦曰何笑、夫曰吾取此珠、勤苦乃爾、小兒依而得之、不識本末、謂之生囊出掌、而不笑乎、夫佛祖之所以為佛祖者、實出於不可思議之刻苦工夫、至今坐而談之、乃得為之、依然小兒之弄珠也。

第四課

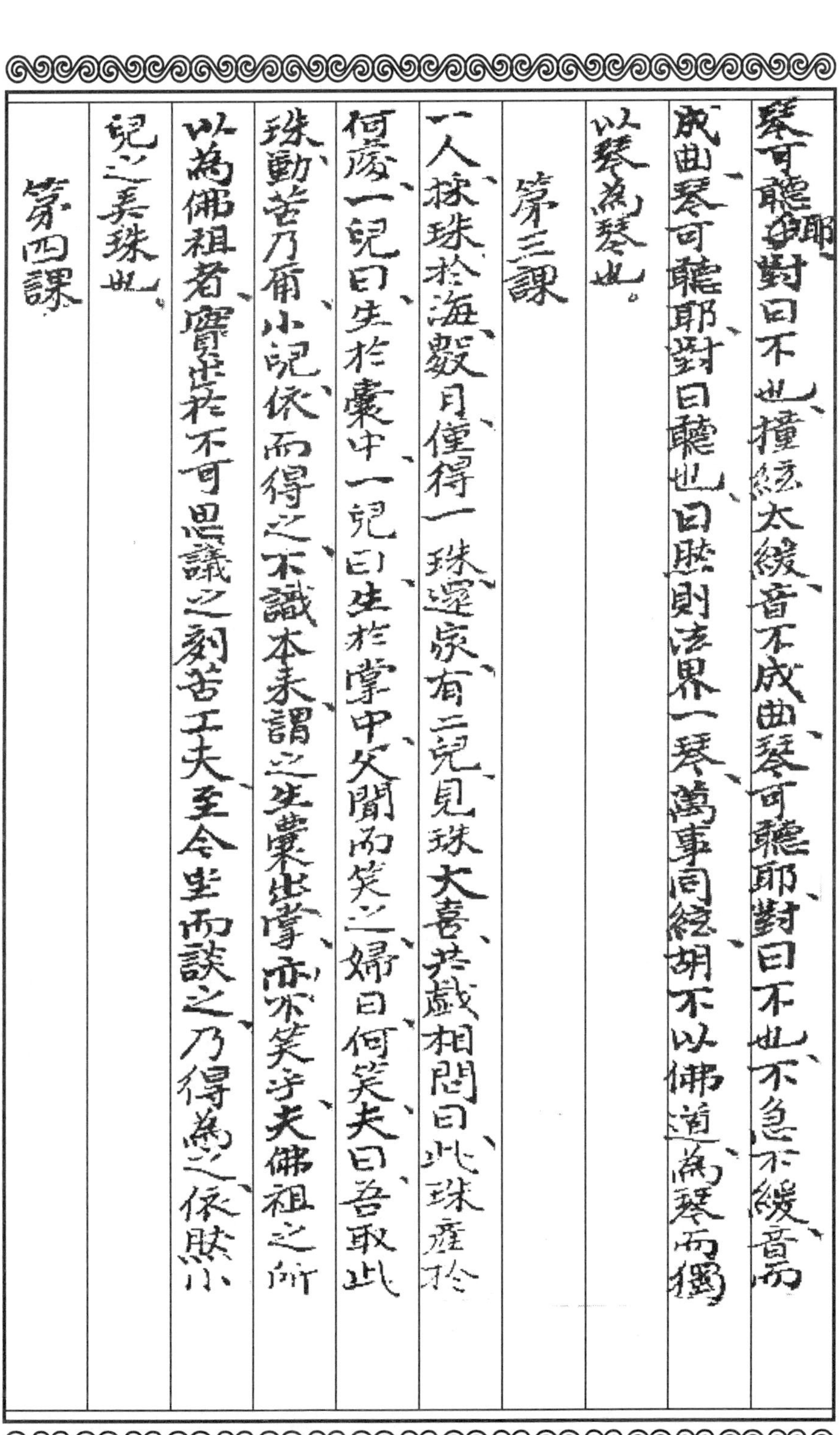

同一兩翼也、鳳凰爲美、同一四肢也、騏驎爲祥、同一五官也、聖人爲德、鳳凰之於飛禽、所以爲美者、非鳳凰之異於飛禽、乃飛禽之不如鳳凰也、騏驎之於走獸、所以爲祥者、非騏驎之遠於走獸、乃走獸之不及騏驎也、聖人之於衆生、所以爲德者、非聖人之離於衆生、乃衆生之不學聖人也、苟修學進德、氣與性同、禽無一非鳳凰、獸無一非騏驎、人無一非聖賢、故經曰、與諸衆生、同體無異。

第五課

今有一事於此、天下之人皆亂之、則吾不究其理、從而亂之、可乎、曰否、今有一物於此、天下之人皆毀之、則吾不思其故、從而毀之、可乎、曰否、毀亂之原因、在事物而不在天下之人、不究事物之原理、從而毀亂、是非毀亂事物也、乃毀亂人毀亂也、學道者、常以此提醒、雖大聖鴻哲之言、至愚極惡之論、皆當以吾之智慧一一觀察、苟有不合於理者、棄之如敝屣、但擇其眞理而行之也、故、佛教者、在自心而不在他心、貴其理而不貴皮相、以自心求眞理〻莫逆也。

第六課

英国、有一婦人、生於富家、自幼、多慈愛心、貧者救助、病者看護、不幸者慰撫、或有間隙、必往病院與監獄、病人囚徒、悉皆慰問、捨此、別無樂事、適有英露戰爭、時値盛炎、虎列剌之流行甚熾、戰地殆絶醫治看護之道、不足以救士卒之病苦、婦人不禁隱情、與同志三十四人、往赴戰地、盡力救護、疲勞成疾、人勸歸國、不聽、待蘇復、從事看護、終與勝捷之旗皷、一帆同歸、嗚乎、嬌不勝衣、情如小鳥之玉手弱腰、能驅馳於硝烟彈雨、病死相枕之中、而拔苦與樂、豈地藏菩薩之一現身歟。

第七課

見利忘義者自古有之貪穀百金之財而殺人者有之矣見數小錙之債而欺人者有之矣以非倖非稚之故强言諂笑婢膝奴顏者有之矣此數人者其於求利之道不亦苦乎雖然自古富貴人之實享安樂者多出於廉潔公平之人而不出於貪殘鄙吝者獨何歟由是觀之財者不可以貪鄙得亦是以廉平得廉平者非徒進德之門亦求利之路也貪鄙者非徒喪志之本亦失利之道也見小利而失大義者賤丈夫之事。

第八課

我忘若無物我無生死之謂也何謂無物我內我故有物外物故有我若無內於我々亦物矣何我之有若無外於物々亦我矣何物之有故曰大我無物大

物為我何謂無生死貪生故有死惡死故有生若無貪於生則同死矣何生之有若無惡於死則同生矣何死之有故曰真死無生真生無死由是觀之物我同體死生一轍知此義者可以學道可以度生

第九課

一心者萬事之總也分而為戒定慧開而為六度散而為萬法萬法未嘗非一心一心嘗曾遺萬法故曰萬法歸一萬法歸一者非以萬法合而為一也能以一心通於萬法也若欲合萬為一適足以相殘也已鵬翥蜩飛自忘大小鶴脛鳧脛元無長短若或拂其天性違其定形減鵬而加蜩斷鶴而續鳧是謂殘刑殘刑者物之賊也故善齊萬物者能以不齊齊之法亦如此實非破萬為一非乃保萬歸一

第十課

礦物者金玉鐵石之類也無生氣而無知覺者植物者樹木草花之類也有生氣而無知覺者動物者禽獸虫魚之類也有生氣而有知覺者夫礦物見制於植物植物見制於動物動物見制於人人無所不制礦物之見制於植物者以其無生氣也植物之見制於動物者以其無知覺也動物之見制於人者以其無學問也今人飛不及於禽走不及於獸皆得而制之群徒制之且剝用之然但學問之道也苟人不學吾知其將反制於禽獸草木

第十一課

新羅高僧緣會嘗隱居修行時元聖王聞其德行欲徵為國師〻聞之乃棄庵而逃路過田叟問師安適對曰吾聞邦家濫聽縻我以爵故避之耳田叟聽曰

於此可貴、何勞遠售、師之謂厭名無厭乎、師感悟其言、赴闕為國師、試問諸君師之感悟者何事、而溯其初志、卒赴受爵哉、夫佛之入地獄、如傳舍當潔者、以甘餡雖出生入死而無辭者、曰惟度生之故、避國師而獨善、則背度生之正致及此、例若田叟之所可、緣會之所感、意在是焉。

第十二課

墺地利與意太利戰時、瑞士國人胄蘭、以博愛主義、持醫藥救護兩國兵士之病傷於矢石如雨之中、徵驅四方、聯結同志、創赤十字社、其主義曰、雖敵者、委身國家、由病傷不能對陣、非可憎之敵兵、實可愛之勇士、救護吾人之不分、飄白幟赤十字、紋章紀號者、無論何國戰陣、皆可入救病傷、而無禁也、創始今不過四十餘年、其治洽遠、得者無慮數百萬、嗚呼、一人之遺澤、若是其偉大歟。

入地獄度衆生復覲於今日齊宿一境恩仇同轍若嘗論者吾佛之徒歟

第十三課

利之從人也甚矣利之所在千仞之山無所不上深源之洞無所不入商人通貨倍道兼行夜以繼日千里爲隣者利在前也漁人入海下水百仞衝波逆流與魚鰐爭者利在水也若夫飮水曲肱簞瓢勉行曉夕忘疲者利在道也故善賈者無遠於前善漁者無險於水善學者無難於道夫千里之行非不遠也百仞之海非不險也未利者視之若無道在吾心之中得之不啻易易乎天下之利莫逾於道。

第十四課

義湘新羅時人與元曉同學於終南山智儼和尚歸國後賢首撰搜玄記時新羅僧勝詮學於賢首抄寫搜玄記還國賢首並書送付義

西京崇福寺僧法藏名賢首 致書於海東新羅華嚴法師侍者一從分別二十餘年傾望之誠豈離心首加以烟雲萬里海陸千里恨此一身不復再面抱懷戀〻夫何可言故由夙世同因今生同業得於此報俱沐大經特蒙先師授玆奧典仰承上人歸鄉之後開演華嚴宣揚法界無礙緣起重〻帝網新〻佛國利益弘廣喜躍增深是知如來滅後光輝佛日再轉法輪令法久住者其唯法師歟

第十五課 (前續)

藏進趣無成周旋寡況仰念玆典愧荷先師隨分受持不能捨離希憑此業用結來因但以和尚章疏義豐文簡致令後人多難趣入是以錄和尚微言妙旨

勒成義記、近因勝詮法師、抄寫還鄕、傳之彼土、請上人詳檢臧否、幸示箴誨、伏

願當當來世、捨身受身、相與同於盧舍那、聽受如此無盡妙法、修行如此普賢

願行、儻餘惡業、一朝顚墜、伏希上人不遺宿昔、在諸趣中、示以正道、人信之次

時訪存沒、不宣。

第十六課

님의침묵 100주년 기념도서

佛敎敎育

佛敎漢文讀本全

불교교육 불교한문독본전

2025년 12월 28일 인쇄
2025년 12월 31일 발행

저 자 | 한용운
발행인 | 윤영수
발행처 | 한국학자료원
등 록 | 제12-1999-074호

주 소 | 서울 은평구 연서로 37길 40-1
팩 스 | 02.3159.8051
E-mail | eksung@naver.com

ISBN 979-11-7417-078-1(03220)

정가 33,000원